Le temps

Olivia George

Illustrations de Rusty Fletcher

Texte français d'Ann Lamontagne

Éditions SCHOLASTIC

Catalogage avant publication de Bibliothèque et Archives Canada

George, Olivia
Le temps / Olivia George; illustrations de Rusty Fletcher;
texte français d'Ann Lamontagne.

(Je veux lire)
Traduction de : The weather.
Pour enfants de 3 à 6 ans.
ISBN 978-0-545-99212-1

I. Fletcher, Rusty II. Lamontagne, Ann III. Titre.

PZ23.G435Tem 2008   j813'.6   C2007-906747-6

Édition publiée par les Éditions Scholastic, 604, rue King Ouest, Toronto (Ontario) M5V 1E1.

6 5 4 3 2   Imprimé au Canada 119   11 12 13 14 15

FSC
www.fsc.org
MIXTE
Papier issu
de sources
responsables
FSC® C103113

Note à l'intention des parents et des enseignants

Dès que l'enfant sait reconnaître les 45 mots utilisés
pour raconter cette histoire, il peut lire le livre en entier.
Ces 45 mots apparaissent tout au long de l'histoire pour que
les jeunes lecteurs puissent facilement les retrouver
et comprendre leur signification.

a	est	mon	soleil
à	et	non	temps
arbre	fait	oh	terre
aura	feuilles	ombre	tiens
bientôt	froid	orage	tombées
boire	il	ouvrent	trempé
bougent	j'irai	par	un
bourgeons	jours	pleut	une
branches	le	plus	vente
certains	les	réchauffe	vertes
de	limonade	se	voilà
des			

Certains jours, il fait froid.

Mon arbre n'a plus de feuilles.

Certains jours, il vente.

Les branches de mon arbre bougent.

Certains jours, il pleut.

Mon arbre est trempé.

Oh, non! Un orage!

Des branches sont tombées par terre.

Tiens, voilà le soleil!

Le temps se réchauffe.

Les bourgeons s'ouvrent!

Bientôt, mon arbre aura
des feuilles vertes.

Et j'irai boire une limonade

à l'ombre de mon arbre.